TÍTULOS DE INGLÉS MARÍA GARCÍA

- Inglés de una Vez
- Aprende Inglés Deprisa
- 1000 Palabras Clave
- Inglés Móvil
- 100 Clases para Dominar el Inglés

- El Desafío del Inglés
- Inglés SMS
- Ciudadanía Americana
- Pronunciación Fácil: Las 134 Reglas del inglés Americano
- Inglés Para Hacer Amigos

- Inglés para Redes Sociales
- Inglés en la Escuela
- Inglés para Pacientes
- Habla Sin Acento
- Inglés de Negocios

- Inglés para Viajar
- Inglés para el Auto
- Aprende Inglés con los Famosos

Accede al contenido adicional del curso en
www.MariaGarcia.us

Curso de Inglés para Hacer Amigos, de la Teacher de Inglés

Fotografías de cubierta: © Designed by benzoix / Freepik.
Fotografías de interior: © Dreamstime.

1ra. edición: Marzo de 2018. D.R. © 2018.
Derechos reservados de la presente edición en lengua castellana:
American Book Group

ISBN: 978-168-165-669-4
Library of Congress Control Number: 2018932484

Impreso en Estados Unidos

SOCIAL ENGLISH

Curso de Inglés
para Hacer Amigos

Introducción

¡Hola Amigos!

Muchos de ustedes me pidieron desarrollar un curso de inglés que hiciera hincapié en las relaciones sociales en inglés: cómo hacer amigos, cómo relacionarse con la familia, cómo desenvolverse en situaciones cotidianas de la vida diaria, en definitiva cómo interactuar socialmente con personas que hablan y viven en inglés.

Es por ello que me animé a crear una historia al estilo de una serie de televisión, con diferentes personajes y situaciones que me dieran pie a compartir con ustedes qué palabras usar y cómo expresarse en inglés, principalmente en el inglés hablado, pues es como se producen principalmente las situaciones sociales. A esta sencilla novela la llamé The Coffee Shop (la cafetería) y es ahí donde transcurren las situaciones que conoceremos en las próximas páginas. Podrás escuchar los audios del curso en Internet, en la web del curso.

Al terminar este curso serás capaz de comunicarte con destreza en situaciones comunes de tu vida personal y en las relaciones sociales con otras personas:

- Familia
- Escuela
- Estudios
- Salud
- Compras

- Conociendo personas
- Fiestas y celebraciones
- Ocio
- Hobbies y aficiones
- Deportes

- Música
- Cine y Televisión
- Cocina
- Espectáculos
- Eventos sociales

¡Bienvenido a mi curso "Social English"!

Con cariño,
María García
La teacher de inglés
www.mariagarcia.us

Índice

Unidad 1

Family time / Tiempo para la familia

En esta sección se practicarán expresiones relacionadas con la adopción, la familia y los viajes.

A new member in the family.

Family time / Tiempo para la familia

En esta sección se practicarán expresiones relacionadas con la adopción, la familia y los viajes.

Tony: Well, my wife Jenny and I are expecting our second child.

Amy: Jenny is pregnant? Congratulations!

Tony: No, actually we decided to adopt a little boy.

Amy: Are you adopting a newborn?

Tony: Yes, we are already in contact with a woman who is four months pregnant.

Amy: Wow! I couldn´t imagine raising a child. Are you going to use childcare?

Tony: Well, Jenny´s sister isn´t working and she is a great role model for the kids. She is going to watch them for a while.

Amy: Have you decided on a name? Are you excited to have a boy?

Tony: We are thinking about naming him James, after my grandfather. Yes, I always wanted to have a son as well as a daughter.

Amy: Are you worried that your daughter will be jealous of him?

Tony: No. I think having two children, one oldest and one youngest, and one girl and one boy is the perfect balance. Anyway, I was wondering if you wanted to come to the baby shower this weekend.

Amy: I would, but I´m taking a trip this weekend to visit my folks in New Jersey, my hometown. They are really looking forward to my homecoming.

Key words and expressions

Aprendamos vocabulario y expresiones usuales usadas al referirnos
a la familia y sus miembros más jóvenes.

father-in-law	*suegro*
mother-in-law	*suegra*
son-in-law	*yerno*
daughter-in-law	*nuera*
brother-in-law	*cuñado*
sister-in-law	*cuñada*
infant	*niño pequeño*
newborn	*recién nacido*
baby shower	*baby shower, fiesta del bebé*
childcare	*cuidado de los niños, guardería*
pregnancy	*embarazo*
adoption	*adopción*
to expect a child	*esperar un hijo*
to raise a child	*criar a un niño*
education	*educación*
role model	*modelo a seguir*
brats /spoiled children	*niños consentidos / malcriados*
homecoming	*vuelta a casa*

My cousin's kids are brats.
Los hijos de mi primo son niños malcriados.

Children require lots of patience.
Los niños precisan mucha paciencia.

All children need to have some discipline.
Todos los niños necesitan disciplina.

My sister still lives in my hometown.
Mi hermana aún vive en mi ciudad natal.

My folks are visiting me next week.
Mis padres me van a visitar la próxima semana.

I´m planning a road trip to Canada.
Estoy planeando un viaje por carretera a Canadá.

Language in use

En esta sección se practicarán los usos de "anyway" y del adverbio "much" con los comparativos.

Anyway (de todos modos, en cualquier caso)

Se utiliza **"anyway"** para expresar que no tomamos algo en consideración.	We were told not to go, but went **anyway**. *Nos dijeron que no fuéramos, pero fuimos de todos modos.* I didn't go to the concert. I'm not a big rock fan, and I didn't have a ticket **anyway**. *No fui al concierto. No soy un gran fan del rock, y no tenía boleto de todos modos.*
También se usa para añadir un poco de información a algo que se acaba de decir.	Jesse and Anne had a big fight. That's what I heard **anyway**. *Jesse y Ana tuvieron una gran pelea. Eso es lo que he escuchado en cualquier caso.*
Además, **"anyway"** se utiliza para cambiar de tema o terminar una conversación.	**Anyway**, do you want to come to the baby shower? *De todos modos, ¿quieres venir al baby shower?* **Anyway**, I'll see you later. *En cualquier caso, nos vemos más tarde.*

Much + comparativo

Cuando **"much"** se usa como un intensificador delante de un adjetivo o adverbio comparativo, aumenta el contenido emocional de una expresión.	This gift is **much more expensive** than that one. *Este regalo es mucho más caro que ése.* I was late for work but she was **much later.** *Llegué tarde al trabajo pero ella llegó mucho más tarde.*

Exercises

Choose the correct option:

1) They are _____ a baby:
a) hoping
b) expecting
c) waiting for

2) A newborn is also a(n):
a) infant
b) teenager
c) adolescent

3) The husband of your daughter is your:
a) brother-in-law
b) son-in-law
c) father-in-law

1) b; 2) a; 3) b.

KEY

Family time / Tiempo para la familia

Un nuevo miembro
en la familia.

Traducción.

Tony: Bueno, mi esposa Jenny y yo estamos esperando nuestro segundo hijo.

Amy: ¿Jenny está embarazada? ¡Felicitaciones!

Tony: No, en realidad hemos decidido adoptar a un niño.

Amy: ¿Van a adoptar a un recién nacido?

Tony: Sí, ya estamos en contacto con una mujer que está embarazada de cuatro meses.

Amy: ¡Guau! No me podría imaginar criando a un niño. ¿Van a usar los servicios de cuidado infantil?

Tony: Bueno, la hermana de Jenny no está trabajando y es un gran modelo para los niños. Ella los cuidará durante un tiempo.

Amy: ¿Han decidido algún nombre? ¿Están emocionados por tener un niño?

Tony: Estamos pensando en ponerle James, por mi abuelo. Sí, siempre he querido tener un hijo y una hija.

Amy: ¿Les preocupa que su hija tenga celos de él?

Tony: No, yo creo tener dos hijos, uno mayor y otro más joven, un niño y una niña, es el equilibrio perfecto. De todos modos, me preguntaba si querías venir al "baby shower" este fin de semana.

Amy: Me gustaría, pero este fin de semana voy de viaje a visitar a mis padres en Nueva Jersey, mi ciudad natal. Ellos están deseosos de mi vuelta a casa.

Unidad **2**

Meeting new people / Conociendo gente nueva

En esta sección se practicarán expresiones utilizadas en el ámbito de las citas y la socialización.

Do you prefer traditional or online dating?

Meeting new people / Conociendo gente nueva

En esta sección se practicarán expresiones utilizadas en el ámbito de las citas y la socialización.

Ryan: Did you know that my cousin met his soulmate online?

Tony: Really?

Ryan: Yeah, he was single for a long time and went on blind dates and tried speed dating before resorting to online dating. He tried unconventional ways of dating since all of his conventional relationships had failed. Now he's happily marriedd!

Tony: He has determination!

Ryan: Yeah, he's the type of guy who likes commitment.

Tony: Do you prefer traditional or online dating?

Ryan: I've never dated online. But I like the idea of choosing from a pool of women who match my personality.

Tony: Yeah, you could find someone who is your exact match!

Ryan: Ha ha! No, I don't want to find someone identical to me. I just want to be compatible.

Tony: I agree, but it's risky meeting someone online.

Ryan: I also like my privacy. I couldn't post all of my information on a dating website.

Tony: Well, I have a new neighbor, who is an acquaintance, and she seems really friendly. I told her I have a buddy who is really outgoing. Are you up for meeting her?

Ryan: Sure! Why not?

Tony: Let's go golfing this weekend and I'll introduce you to her.

Key words and expressions

*Aprendamos vocabulario y expresiones usuales
en torno a las citas.*

online dating	*citas en línea*
risk	*riesgo*
blind date	*cita a ciegas*
speed date	*cita rápida*
determination	*determinación*
commitment	*compromiso*
single	*soltero/a*
unconventional	*poco convencional*
matching	*coincidencia*
relationship	*relación*
personality	*personalidad*
attraction	*atracción*
compatibility	*compatibilidad*
preferences	*preferencias*
socializing	*socializar*
acquaintance	*conocido/a*
neighbor	*vecino/a*
friend	*amigo/a*
mate, buddy	*compañero/a*
to introduce	*presentar*

I met my soulmate in Argentina.
Conocí a mi alma gemela en Argentina.

Do you and your girlfriend have
a lot of things in common?
*¿Tienen usted y su novia
muchas cosas en común?*

Is John's new girlfriend friendly?
¿Es simpática la nueva novia de John?

All of my friends are very outgoing.
Todos mis amigos son muy extrovertidos.

I prefer to be with groups
rather than alone.
*Prefiero estar con grupos
en lugar de solo.*

She isn't a friend of mine.
She's just an acquaintance.
*Ella no es una amiga mía.
Es sólo una conocida.*

My neighbor doesn't respect
my privacy.
Mi vecino no respeta mi privacidad.

Language in use

En esta sección se practicarán los pronombres relativos.

Uso de los pronombres relativos "who", "that" y "which"

Para unir cláusulas que tienen un elemento común hacemos uso de los **pronombres relativos**. En español el pronombre relativo más usado es *"que"*, que equivale en inglés a **"who"** (para referirnos a personas), **"which"** (para cosas) y **"that"** (para personas y cosas). Estos pronombres pueden usarse en:

Cláusulas especificativas

En ellas, el pronombre relativo ("who", "that" o "which") puede preceder a un sujeto o a un verbo (en este caso, el pronombre funciona de sujeto). Si van delante de un sujeto se pueden suprimir (de hecho se suele hacer), pero, si van delante de un verbo, siempre han de aparecer.

Did you know (**that**) my cousin met his soulmate online?
¿Sabías que mi primo encontró a su alma gemela en línea?

He is the type of guy **who** likes commitments.
Es el tipo de persona al que le gustan los compromisos.

This is a webpage (**that / which**) I never visit.
Ésta es una página web que nunca visito.

Cláusulas explicativas

En ellas se da información extra que no es necesaria para la comprensión de la frase y que siempre aparece entre comas. En estos casos no aparece el relativo "that" y los pronombres "who" y "which" no pueden omitirse nunca.

I have a new neighbor, **who** is an acquaintance, and she seems really friendly.
Tengo una vecina, que es una conocida, y parece muy simpática.

That website, **which** I use a lot, has a lot of visitors.
Ese sitio web, que yo uso mucho, tiene muchas visitas.

Exercises

Choose the suitable question to get the following answers:

1) No, not today.
a) Do you like John?
b) Are you seeing anyone?
c) Have you met my girlfriend Paula?

2) We are going on a speed date.
a) Where are you staying?
b) Who are you going with?
c) What are you doing tonight?

Meeting new people / Conociendo gente nueva

Traducción.

Ryan: ¿Sabes que mi primo conoció a su alma gemela en línea?

Tony: ¿En serio?

Ryan: Sí, estuvo soltero durante mucho tiempo y tuvo citas a ciegas e intentó citas rápidas antes de recurrir a las citas en línea. Probó formas de citas poco convencionales ya que todas sus relaciones convencionales habían fracasado. ¡Ahora está felizmente casado!

Tony: ¡Tiene determinación!

Ryan: Sí, él es el tipo de persona al que le gusta el compromiso.

Tony: ¿Tú prefieres las citas tradicionales o en línea?

Ryan: Yo nunca he tenido una cita en línea. Pero me gusta la idea de elegir entre un grupo de mujeres que coincide con mi personalidad.

Tony: Sí, puedes encontrar a alguien que coincida exactamente contigo.

Ryan: ¡Ja ja! No, yo no quiero encontrar a alguien idéntico a mí. Sólo quiero ser compatible.

Tony: Estoy de acuerdo, pero es arriesgado conocer a alguien en línea.

Ryan: También me gusta mi privacidad. No podría publicar toda mi información en un sitio web de citas.

Tony: Bueno, tengo una nueva vecina, que es una conocida, y parece muy simpática. Le dije que tengo un amigo que es muy extrovertido. ¿Te interesaría conocerla?

Ryan: ¡Claro! ¿Por qué no?

Tony: Vamos a ir a jugar al golf este fin de semana y te la presentaré.

Unidad 3

Are you fit? / ¿Estás en forma?

En esta sección se practicarán
expresiones relacionadas
con la salud y el gimnasio.

Rebecca and Ryan are talking about an accident he had and the way he is getting over it.

Are you fit? / ¿Estás en forma?

En esta sección se practicarán expresiones relacionadas con la salud y el gimnasio.

Rebecca: What are you taking medication for?

Ryan: I have a prescription for painkillers because of an accident I was in a year ago. The ambulance took me to the emergency room and after X-rays they discovered I broke my leg and I had to have surgery. I still go to physical therapy twice a week for rehabilitation.

Rebecca: Poor thing! Are you recovering okay?

Ryan: Yes. The doctor's appointments and individual and group therapy are a big commitment, but I'm determined to fully recover by summer.

Rebecca: I have a membership at Club One and I'm enrolling for training with a personal trainer next week. Do you have to use special equipment for your rehabilitation?

Ryan: I couldn't do regular exercises for six months after my accident. I can do cardio workouts like cycling now, but I still can't play any contact sports.

Rebecca: Well, you look great! Do you take any dietary supplements or do you just eat healthy?

Ryan: I have a few friends with weight issues who have had negative side effects from dietary supplements. Nutrition is important to me. I stick to healthy food and I don't smoke or do drugs.

Rebecca: Well, call me if you ever need company at the gym!

Key words and expressions

Aprendamos vocabulario y expresiones usuales al referirnos
a temas sanitarios y de rehabilitación.

emergency room	*urgencias, emergencias*
X-rays	*radiografías*
prescription	*receta médica*
rehabilitation	*rehabilitación*
physical therapy	*fisioterapia*
special equipment	*material / equipo especial*
healthy habits / food	*hábitos / alimentos saludables*
perseverance	*perseverancia*
to enroll	*inscribirse*
routine	*rutina*
side effects	*efectos secundarios*
surgery	*cirugía*
recovery	*recuperación*
dietary supplements	*suplementos alimenticios*
cardio activities	*actividades de cardio*
individual and group therapy	*terapia individual y grupal*
training	*entrenamiento*
personal trainer	*entrenador personal*

Don´t you have a doctor
appointment?
¿No tienes una cita con el médico?

Starting at the gym meant
better quality of life.
*Comenzar a ir al gimnasio supuso
una mejor calidad de vida.*

Did you take your medication?
¿Tomaste tu medicación?

She is a member at my gym.
Ella es miembro de mi gimnasio.

How long have you had issues
with your weight?
*¿Cuánto tiempo has tenido
problemas de peso?*

Language in use

Uso de "still" (todavía) y "already" (ya)

"Still" se utiliza al referirnos a algo que no ha terminado, especialmente cuando esperábamos que terminara antes. "Still" normalmente se coloca delante del verbo, pero si se trata del verbo "to be", lo sigue.

I haven't finished yet. I am **still** here.
No he terminado aún. Todavía estoy aquí.

She **still** can't play contact sports.
Ella todavía no puede practicar deportes de contacto.

I **still** have all those letters you sent me.
Todavía tengo todas esas cartas que me enviaste.

Are you **still** working in the bookstore?
¿Trabajas todavía en la librería?

"Already" se utiliza para decir que algo ha sucedido pronto o más pronto de que lo que cabría esperar.

I've **already** spent my salary and it's two weeks before pay day.
Ya me he gastado el sueldo y aún faltan dos semanas para cobrar.

The train **already** left! What are we going to do now?
¡El tren ya partió! ¿Qué vamos a hacer ahora?

Exercises

Choose the right question to get this answer:

1) Tomorrow at noon.
a) Where is your doctor´s appointment?
b) Where is your medication?
c) When is your doctor´s appointment?

2) I hired a personal trainer.
a) Do you have a prescription?
b) Where was your doctor´s appointment?
c) How did you lose so much weight?

3) I´m so tired _____ my routine.
a) over
b) of
c) on

4) He _____ surgery last Saturday.
a) has
b) will have
c) had

Are you fit? / ¿Estás en forma?

Traducción.

Rebecca y Ryan están hablando sobre un accidente que tuvo él y la forma como lo está superando.

Rebecca: ¿Para qué estás tomando medicamentos?

Ryan: Tengo una receta para analgésicos debido a un accidente que tuve el año pasado. La ambulancia me llevó a urgencias y después de hacer unas radiografías descubrieron que me había roto la pierna y tuvieron que operarme. Todavía voy a hacer terapia de rehabilitación dos veces por semana.

Rebecca: ¡Pobrecito! ¿Te estás recuperando bien?

Ryan: Sí. Las citas con el médico y la terapia individual y la de grupo requieren mucha dedicación, pero estoy decidido a recuperarme por completo para el verano.

Rebecca: Soy miembro del Club One y me he inscrito para entrenar con un entrenador personal la próxima semana. ¿Utilizas equipo especial para tu rehabilitación?

Ryan: No pude hacer ejercicios de forma regular durante seis meses después de mi accidente. Ahora puedo hacer actividades de cardio, como el ciclismo, pero todavía no puedo practicar ningún deporte de contacto.

Rebecca: Bueno, tienes un aspecto fantástico. ¿Tomas algún suplemento alimenticio o simplemente comes de forma saludable?

Ryan: Tengo algunos amigos con problemas de peso que han tenido efectos secundarios negativos debidos a los suplementos dietéticos. La nutrición es importante para mí. Yo me aferro a la alimentación sana y no fumo ni consumo drogas.

Rebecca: Bueno, ¡llámame si alguna vez necesitas compañía en el gimnasio!

Unidad **4**

Party time / De fiesta

En esta sección se practicarán expresiones utilizadas al planear una fiesta.

Amy and Tony are talking about a party he is having for his son.

Party time / De fiesta

En esta sección se practicarán expresiones utilizadas al planear una fiesta.

Amy: Hey, Tony! I heard you're having a welcome home party for your son!

Tony: Oh, yeah! My wife will be sending out the invitations today.

Amy: Do you have a date and time for the party yet?

Tony: Next Saturday at 1:00 p.m. It will be a Mexican theme! We'll have margaritas and the menu includes appetizers and finger foods, like nachos and tacos.

Amy: Any ideas for a gift?

Tony: The baby registry will be on the invitation.

Amy: Do you need help with anything?

Tony: No, thanks! Ryan will help host the party and is making a playlist for music until the real entertainment arrives. We'll have a bounce house for the kids.

Amy: Do you like to have parties?

Tony: My wife loves hosting parties and decorating the house. She has a planning checklist and everything! I'm usually in charge of supplies like goodie bags, confetti, tableware and thank you cards.

Amy: Dress code?

Tony: Casual. But you can dress up if you want. As I mentioned Ryan will be there. And we invited some of my single friends from the neighborhood, and my wife says they are very attractive! Don't forget to R.S.V.P. so we know you're coming!

Amy: Of course! See you next Saturday!

Key words and expressions

Aprendamos vocabulario y expresiones usuales relativas a la celebración de una fiesta.

party	*fiesta*
presents / gifts	*regalos*
baby registry	*lista de regalos para el bebé*
RSVP	*confirmar presencia, reservar*
host a party	*organizar una fiesta*
guestlist	*lista de invitados*
planning checklist	*lista de planificación*
date and time	*fecha y hora*
theme	*tema, ambiente*
dress code	*código de vestimenta*
decoration	*decoración*
rental	*alquiler*
invitation	*invitación*
tableware	*servicio de mesa*
entertainment	*entretenimiento*
greeter	*quien da la bienvenida*
playlist	*lista de reproducción*
finger food	*comida para picar*

Who did you send an invitation to?
¿A quién le enviaste una invitación?

Have you met my old acquaintances from work?
¿Has conocido a mis viejos conocidos del trabajo?

What did you buy for the goodie bags?
¿Qué compraste para las bolsas de sorpresas?

I sent the thank-you cards yesterday.
Envié las tarjetas de agradecimiento ayer.

Thank you for all of your help.
Gracias por toda tu ayuda.

Language in use

En esta sección practicaremos uno de los usos del presente continuo.

Uso del presente continuo para acciones futuras

Al referirnos a una acción que tendrá lugar en el futuro, además de poder usar "will" o "going to", también es posible utilizar el presente continuo. Ello ocurre cuando nos estamos refiriendo a acciones planificadas o, de alguna manera, concertadas. Así, por ejemplo, en presente continuo podríamos expresar las acciones que se anotan en una agenda.

We **are having** a party this weekend.
Vamos a organizar una fiesta este fin de semana.

She **is visiting** the doctor next week.
Ella visitará al médico la semana próxima.

I **am having** lunch with a friend tomorrow.
Voy a almorzar con un amigo mañana.

The conference **is taking** place next Tuesday.
La conferencia tendrá lugar el martes próximo.

We **are meeting** again next month.
Nos vamos a reunir de nuevo el mes próximo.

Exercises

Choose the correct question to get the following answer:

1) Yes, I´m wearing a suit and tie.

a) Did you enjoy the party?
b) Is the dress code formal?
c) When did you get your invitation?

Fill the gap with the right option:

2) There was a _____ house at the party.
a) bound
b) bounce
c) bond

3) She is in charge _____ supplies.
a) to
b) of
c) with

Party time / De fiesta

Traducción.

Amy: ¡Eh, Tony! Me he enterado que ustedes van a dar una fiesta de bienvenida para su hijo!

Tony: ¡Oh, sí! Mi esposa enviará las invitaciones hoy.

Amy: ¿Tienen ya fecha y hora para la fiesta?

Tony: El próximo sábado a las 13:00. Será de ambiente mexicano. Tendremos margaritas y el menú incluye algo para picar, así como nachos y tacos.

Amy: ¿Alguna idea para un regalo?

Tony: La lista de regalos para el bebé está en la invitación.

Amy: ¿Necesitan ayuda con alguna cosa?

Tony: ¡No, gracias! Ryan ayudará como anfitrión de la fiesta y está preparando una lista de música hasta que llegue el verdadero entretenimiento. Tendremos una casa inflable de saltos para los niños.

Amy: ¿Te gusta organizar fiestas?

Tony: A mi esposa le encanta celebrar fiestas y decorar la casa. ¡Ella tiene una lista de planificación y todo! Yo me suelo encargar de llevar bolsas de sorpresas, confeti, los servicios de mesa y tarjetas de agradecimiento.

Amy: ¿Hay código de vestimenta?

Tony: Informal. Pero te puedes vestir elegante si quieres. Como te dije, Ryan estará allí. Hemos invitado a algunos de mis amigos solteros del barrio, ¡y mi esposa dice que son muy atractivos! No te olvides de confirmar tu asistencia para que sepamos que vienes.

Amy: ¡Por supuesto! ¡Hasta el próximo sábado!

Unidad **5**

Studying /
Los estudios

En esta sección se practicarán
expresiones utilizadas
con la asistencia a la universidad.

Amy is talking to
Ryan about her
studies.

Studying / Los estudios

*En esta sección se practicarán expresiones relacionadas
con la asistencia a la universidad.*

Amy: I just enrolled in some online classes at the University of California.

Ryan: You are an overachiever. What classes?

Amy: I want to start studying for my Master´s degree. I was an average undergraduate student with a not so high GPA (grade point average). I would like to be an honor graduate student, not a loafer.

Ryan: Why did you choose that university?

Amy: They have excellent professors and the administration is very supportive of online students.

Ryan: Did you get financial aid?

Amy: The company gave me a scholarship to complete my thesis. I hope our boss Rebecca recognizes my determination and that this doesn´t cause any more resentment at work.

Ryan: Well, you know Rebecca. I would try and not have this affect your work. I will help you in any way that I can.

Amy: Yes, I am worried about more friction with Rebecca. I don't want to have a conflict with her.

Ryan: When do you complete the classes?

Amy: I do them in the evenings after work. I have already begun to communicate with some classmates in a chat room, and we started an online study group for exams.

Ryan: Well, I think what you are doing is impressive. Count on my full support!

Amy: That means a lot to me, Ryan. Thank you for the vote of confidence!

Key words and expressions

Aprendamos vocabulario y expresiones usuales
al referirnos a los estudios universitarios.

to enroll	*inscribirse, matricularse*
classes online / on campus	*clases en línea / en el campus*
professor	*profesor universitario*
staff	*personal*
financial aid	*ayuda económica*
scholarship	*beca*
to avoid	*evitar*
to recognize	*reconocer*
resentment	*resentimiento*
lecture	*clase*
thesis	*tesis*
classmate	*compañero de clase*
loafer	*vago, haragán*
overachiever	*perfeccionista / estudiante destacado*
impressive	*impresionante, fabuloso*

What are you doing for your thesis?
¿Qué estás haciendo para tu tesis?

I was given a scholarship to study abroad.
Me concedieron una beca para estudiar en el extranjero.

Now you need some help and you can count on my full support.
Ahora necesitas ayuda y puedes contar con todo mi apoyo.

We will have a group project next week.
Vamos a tener un proyecto de grupo la próxima semana.

Language in use

En esta sección se practicarán los usos del infinitivo.

El infinitivo se usa tras ciertos verbos, tales como: forget (olvidar), help (ayudar), learn (aprender), teach (enseñar), choose (elegir), expect (esperar), hope (esperar), need (necesitar), offer (ofrecer), want (querer), would like (gustaría), decide (decidir), etc.

I **forgot to enroll**
in that online course.
*Olvidé inscribirme
en ese curso en línea.*

I **wanted to ask** for a scholarship.
Quise pedir una beca.

Mary **needs to leave** early.
Mary necesita salir temprano.

La forma de infinitivo también se usa tras adjetivos

I was **happy to help** them.
Estaba contento de ayudarles.

She will be **delighted to see** you.
Ella estará encantada de verte.

The water was too **cold to swim** in.
*El agua estaba demasiado fría
para nadar.*

Y tras la estructura adjetivo + enough

I am not **rich enough to pay**
for my university studies.
*No soy lo suficientemente rico
para pagar mis estudios universitarios.*

He is **old enough to make** his
own decisions.
*Él es lo suficientemente mayor para
tomar sus propias decisiones.*

Exercises

Choose the correct question to get this answer:

1) Math, science, and history.
a) Do you go to university?
b) What are your favorite subjects?
c) Is she in your study group?

2) I have a test in the morning.
a) What are your plans for tomorrow?
b) Where are you going?
c) Did you study last night?

1) b; 2) a.

KEY

Studying / Los estudios

Traducción.

Amy: Me acabo de matricular en unas clases en línea de la Universidad de California.

Ryan: Eres una perfeccionista. ¿Qué clases?

Amy: Quiero empezar a estudiar para obtener mi maestría. Yo era una estudiante universitaria con un promedio de notas bajo. Me gustaría ser una estudiante de honor, no una haragana.

Ryan: ¿Por qué elegiste esa universidad?

Amy: Tienen excelentes profesores y una administración que es de gran apoyo para los estudiantes en línea.

Ryan: ¿Recibiste ayuda económica?

Amy: La empresa me otorgó una beca para completar mi tesis. Espero que nuestra jefa reconozca mi determinación y ello no provoque ningún resentimiento en el trabajo.

Ryan: Bueno, conoces a Rebecca. Yo lo intentaría sin hacer que afecte tu trabajo. Te ayudaré en todo lo que pueda.

Amy: Sí, estoy preocupada por tener más fricción con Rebecca. No quiero tener un conflicto con ella.

Ryan: ¿Cuándo tienes las clases?

Amy: Las tengo por las noches, después de trabajar. Ya he empezado a comunicarme con algunos compañeros en un chat y creamos un grupo de estudio en línea para los exámenes.

Ryan: Bueno, creo que lo que estás haciendo es impresionante. ¡Cuenta con todo mi apoyo!

Amy: Eso significa mucho para mí. ¡Gracias por tu voto de confianza!

Unidad **6**

Hobbies / Hobbies

En esta sección se practicarán expresiones utilizadas en el ámbito de las citas y la socialización.

Rebecca and Tony are talking about their hobbies.

Hobbies / Hobbies

En esta sección se practicarán expresiones relacionadas con las aficiones.

Rebecca: Do you have any hobbies, Tony?

Tony: I have hobbies that are more appropriate for women, as well as men, thanks to my wife.

Rebecca: What women's hobbies do you do? Do you like them?

Tony: Well, my wife enjoys taking cooking classes. I enjoy them as well and I'm learning a lot. But she also loves to go fishing with me. We both really enjoy cycling and running marathons.

Rebecca: Does your wife generally prefer indoor or outdoor activities? You know, would she rather stay in and knit or would she prefer bungee jumping?

Tony: We both enjoy individual and group activities. We are actually learning how to sail together. But I'm also getting my scuba diving certification and she's learning how to do charcoal drawings. What's your favorite hobby?

Rebecca: Well, I like extreme hobbies like free climbing. But now I am doing more cycling and indoor climbing.

Tony: We have a pastime in common. I love to rock climb. We should go together sometime.

Rebecca: Sure! If you could keep up with me!

Key words and expressions

Continuemos aprendiendo vocabulario y expresiones relacionadas con las aficiones o hobbies.

pastime, hobby	*pasatiempo, hobby*
indoor, outdoor	*en el interior, al aire libre*
extreme hobbies	*aficiones extremas*
to climb	*escalar*
cycling	*ciclismo*
to stay in	*quedarse en casa*
to knit	*hacer punto, tejer*
to take classes	*tomar clases*
scuba diving	*buceo*
to sail	*navegar*
to go fishing	*ir de pesca*
charcoal	*carboncillo*
drawing	*dibujo*
bungee jumping	*bungee jumping, puenting*

Do you have a lot in common with Amy?
¿Tienes mucho en común con Amy?

She's involved in so many activities.
Ella está involucrada en muchas actividades.

Both individual and group activities are available here.
Tanto las actividades individuales como las de grupo están disponibles aquí.

Painting is my favorite hobby.
La pintura es mi hobby favorito.

Language in use

En esta sección practicaremos la preposición "like".

Usos de la preposición "like"

"**Like**" es una preposición que significa, "como", "parecido a" o "lo mismo que" y, en estos casos, va seguida por un sustantivo o un pronombre.	She dances **like** a professional. *Ella baila como una profesional.* He speaks English **like** a native. *Él habla inglés como un nativo.*
Cuando se utiliza "**like**" con el verbo "**look**" significa "parecer" o "parecerse".	I **look like** my mother. *Me parezco a mi madre.* It **looks like** it is going to rain. *Parece que va a llover.*
También utilizamos "**like**" para presentar ejemplos.	I play a lot of sports, **like** baseball, basketball and tennis. *Juego a muchos deportes, como el béisbol, el baloncesto y el tenis.* We can do a lot of things to protect the environment, **like** recycling. *Podemos hacer muchas cosas para proteger el medio ambiente, como reciclar.*

Exercises

Fill the gaps with the correct options:

1) If you don't run faster you won't keep up_____ me.
a) for
b) to
c) with

2) I have done many things thanks _____ my son.
a) for
b) to
c) at

3) We have to _____ out a better way to climb.
a) give
b) come
c) figure

Hobbies / Hobbies

Traducción.

Rebecca y Tony
están hablando de
sus a ciones.

Rebecca: ¿Tienes algún hobby, Tony?

Tony: Yo tengo aficiones más propias de chicas, así como de chicos, gracias a mi esposa.

Rebecca: ¿Qué aficiones de chicas tienes? ¿Te gustan?

Tony: Bueno, mi esposa disfruta tomando clases de cocina. Yo las disfruto también y estoy aprendiendo mucho. Pero a ella también le encanta ir de pesca conmigo. A los dos nos gusta mucho el ciclismo y correr maratones.

Rebecca: ¿Tu esposa prefiere las actividades de interior o al aire libre? Ya sabes, ¿prefiere quedarse en casa y coser o hacer bungee jumping?

Tony: Los dos disfrutamos de actividades individuales y de grupo. De hecho estamos aprendiendo a navegar juntos. Pero también me estoy sacando mi licencia de buceo y ella está aprendiendo a hacer dibujos al carboncillo. ¿Cuál es su afición favorita?

Rebecca: Bueno, me gustan las aficiones extremas, como la escalada libre. Pero ahora estoy haciendo más ciclismo y escalada en interior.

Tony: Tenemos un pasatiempo en común. Me encanta escalar. Deberíamos ir juntos alguna vez.

Rebecca: ¡Claro! ¡Si me puedes seguir el ritmo!

Unidad 7

Sports / Deportes

En esta sección se practicarán
expresiones relacionadas
con los deportes.

Tony and Ryan are talking about sports they like.

Sports / Deportes

En esta sección se practicarán expresiones relacionadas con los deportes.

Tony: Did you watch the Super Bowl game yesterday?

Ryan: Yes. I went to a friend's house to watch it. He is a fanatic about football.

Tony: Did you see when that Raiders' player ran into one of their cheerleaders?

Ryan: I missed that, but I did see the fight between the Patriots' coach and referee.

Tony: Were you betting on anyone to win?

Ryan: No, I didn't bet any money on the game, but I was cheering for the Raiders.

Tony: The final score was pretty close.

Ryan: Is football your favorite sport?

Tony: I like to watch individual sports more than team sports. I like tennis and watch the US Open every year.

Ryan: I prefer outdoor sports to indoor sports. Baseball is my favorite. I even go to the spring training for the Giants.

Tony: I like outdoor sports as well. I go to a lot of soccer games and I went to the World Cup a few years ago in South Africa.

Ryan: I love to play soccer. We have a lot of different fields in our neighborhood.

Tony: Did you see the new basketball court? I heard some professional players are seen out there sometimes.

Ryan: We should go play sometime!

Key words and expressions

Aprendamos vocabulario y expresiones usuales relacionadas con el deporte.

favorite sport	*deporte favorito*
team sports	*deportes de equipo*
outdoor and indoor sports	*deportes al aire libre y en pista cubierta*
to run into	*chocar / topar con*
cheerleader	*animadora*
to cheer	*animar*
to bet	*apostar*
coach	*entrenador*
referee	*árbitro*
final score	*marcador / resultado final*
field	*campo, cancha*
court	*pista, cancha*
neighborhood	*vecindario*
football	*fútbol americano*
soccer	*fútbol*

What was the final score?
¿Cuál fue el resultado final?

I have a baseball game tomorrow.
Tengo un partido de béisbol mañana.

We need to go and review the rules.
Tenemos que ir a revisar las normas.

They are building a new basketball court.
Están construyendo una nueva cancha de baloncesto.

We have a lot of team spirit.
Tenemos mucho espíritu de equipo.

He is a baseball fanatic.
Él es un fanático del béisbol.

Language in use

En esta sección trataremos una manera de expresar énfasis sobre determinadas acciones.

Uso de "do", "does" o "did" para enfatizar acciones

Normalmente no usamos los auxiliares **"do"**, **"does"** o **"did"** en oraciones afirmativas, pero sí se hace cuando se pretende enfatizar o mostrar determinación por alguna acción.

"Do" y **"does"** se utilizan en oraciones en presente y **"did"** en pasado, siendo en todos los casos **seguidos del infinitivo del verbo**. Cuando los utilizamos así, se pronuncian de manera más fuerte, más larga o con un tono más alto.

She thinks he doesn't work hard, but he **does** work hard. He really does!
Ella piensa que él no trabaja duro, pero él trabaja duro. ¡Lo hace de verdad!

I missed the game, but I **did** see the fight between the coach and the referee.
Me perdí el partido, pero sí vi la pelea entre el entrenador y el árbitro.

You **do** look pretty in that new outfit.
Te ves linda con ese nuevo conjunto.

Are you all right? You **do** look a bit tired. Take a break, please.
¿Estás bien? Te ves un poco cansado. Tómate un descanso, por favor.

Exercises

Choose the correct option to fill the gap:

1) Did you bet _____ anyone to win?
a) for
b) on
c) to

2) She was cheering _____ the Giants.
a) to
b) for
c) on

3) The final score was _____ close.
a) a lot
b) pretty
c) much

Sports / Deportes

Traducción.

Tony y Ryan están
hablando sobre
deportes que les
gustan.

Tony: ¿Viste el partido de la Super Bowl ayer?

Ryan: Sí. Me fui a casa de mi amigo para verlo. Él es un fanático del fútbol americano.

Tony: ¿Viste cuando un jugador de los Raiders chocó con una de sus animadoras?

Ryan: Me lo perdí, pero vi la pelea entre el entrenador de los Patriots y el árbitro.

Tony: ¿Apostaste por el triunfo de alguno?

Ryan: No, no aposté dinero en el partido, pero animé a los Raiders.

Tony: El marcador final fue bastante ajustado.

Ryan: ¿El fútbol americano es tu deporte favorito?

Tony: Prefiero ver los deportes individuales a los deportes de equipo. Me gusta el tenis y miro el Abierto de EEUU cada año.

Ryan: Yo prefiero los deportes al aire libre a deportes en pista cubierta. El béisbol es mi favorito. Incluso voy al entrenamiento de primavera de los Giants.

Tony: Me gustan los deportes al aire libre también. Voy a muchos partidos de fútbol y fui a la Copa del Mundo hace unos años en Sudáfrica.

Ryan: Me encanta jugar al fútbol. Tenemos muchos campos en nuestro barrio.

Tony: ¿Has visto la nueva cancha de baloncesto? He oído que algunos jugadores profesionales se ven por allí a veces.

Ryan: ¡Deberíamos ir a jugar alguna vez!

Unidad 8

Music / *La música*

En esta sección se practicarán
expresiones relacionadas
con la música.

Amy and Ryan are talking about music.

Music / La música

En esta sección se practicarán expresiones relacionadas con la música.

Amy: I went to a concert last night.

Ryan: Who was playing?

Amy: The Red Hot Chili Peppers.

Ryan: I love that band. How was the crowd?

Amy: Great. I know the producer of the show so we had great seats too.

Ryan: Who are your favorite singers and groups?

Amy: The type of music I listen to depends on my mood. I like a variety of artists.

Ryan: You know I used to be a lead singer in a band after college? We weren't very good but we did produce a CD that sold some copies.

Amy: I didn't know you were in a band! You must have a great voice! Do you still sing?

Ryan: Well, music inspires me and I loved rehearsing and singing different genres but one of our band members left to play in an orchestra. He plays more than ten instruments!

Amy: I'm learning to play a new instrument. I already know how to play the guitar and now I am learning how to play the piano. Learning a second instrument is easier than the first since you already know the musical notes.

Ryan: We should play together sometime!

Key words and expressions

Aprendamos vocabulario y expresiones usuales relacionadas
con la música y las bandas musicales.

crowd	público, gente
producer	productor
seat	asiento
to depend on	depender de
mood	estado de ánimo
lead singer	cantante (solista)
band / group	grupo musical
to inspire	inspirar
to rehearse	ensayar
genre	género
orchestra	orquesta

We're going to a concert tomorrow.
Vamos a un concierto mañana.

Who is your favorite musician?
¿Quién es tu músico favorito?

He used to sing in a band.
Él cantaba en un grupo.

I work with a lot of artists.
Yo trabajo con muchos artistas.

Music inspires me to work.
La música me inspira para trabajar.

Language in use

En esta sección aprenderemos el uso de "used to".

"Used to + infinitivo" se utiliza para expresar acciones habituales o cotidianas en el pasado y que ya no ocurren.

John **used to** travel a lot for his job, but since his promotion, he doesn't.
John solía viajar mucho en su trabajo, pero desde su ascenso no lo hace.

My wife **used to** drive to work but now she takes the bus.
Mi esposa solía ir en auto al trabajo pero ahora toma el autobús.

I **used to** smoke a lot but I quit two years ago.
Yo solía fumar mucho, pero lo dejé hace dos años.

I **used to** send reports every fifteen days.
Solía enviar informes cada quince días.

También se usa para expresar algo que era verdadero o real, pero que ya no lo es.

I **used to** be a singer in a band.
Yo era cantante en un grupo.

There **used to** be some movie theaters in the town but now there aren't.
Había varias salas de cine en la ciudad pero ahora no hay.

She **didn't use to** like me but now she does.
A ella yo no le gustaba, pero ahora sí.

They **used to** communicate by fax.
Solían comunicarse (se comunicaban) por fax.

Exercises

Choose the incorrect option to fill the gap:

1) Last year we _____ produce a CD.
a) -
b) did
c) didn't

2) Do you _____ sing in a band?
a) yet
b) already
c) still

Music / La música

Amy y Ryan están hablando sobre música.

Traducción.

Amy: Anoche fui a un concierto.

Ryan: ¿Quién tocaba?

Amy: Los Red Hot Chili Peppers.

Ryan: Me encanta ese grupo. ¿Qué tal la gente?

Amy: Fenomenal. Conozco al productor del espectáculo, así que tuvimos unos buenos asientos también.

Ryan: ¿Quiénes son tus cantantes y grupos favoritos?

Amy: El tipo de música que escucho depende de mi estado de ánimo. Me gustan diversos artistas.

Ryan: ¿Sabes que yo era cantante de un grupo después de la universidad? No éramos muy buenos, pero hicimos un CD que vendió algunas copias.

Amy: ¡No sabía que estabas en un grupo! ¡Debes tener una gran voz! ¿Todavía cantas?

Ryan: Bueno, la música me inspira y me encantaba ensayar y tocar diferentes géneros, pero uno de los miembros de nuestro grupo lo dejó para tocar en una orquesta. ¡Él toca más de diez instrumentos!

Amy: Yo estoy aprendiendo a tocar un nuevo instrumento. Ya se sé tocar la guitarra y ahora estoy aprendiendo a tocar el piano. Aprender un segundo instrumento es más fácil que el primero puesto que ya conoces las notas musicales.

Ryan: ¡Deberíamos tocar juntos alguna vez!

Unidad 9

TV and Movies / TV y Películas

En esta sección se practicarán expresiones relacionadas con la televisión y el cine.

Amy and Tony
are talking about
movies and TV
series they like.

TV and Movies / TV y Películas

*En esta sección se practicarán expresiones relacionadas
con la televisión y el cine.*

Tony: Have you seen any good movies lately?

Amy: I went to the movie theater last weekend and chose a movie just because one of my favorite actors was in it.

Tony: How was the movie? Did you go to that new multiplex?

Amy: Well, we got there late and had to sit really close to the screen, and then there was someone in the audience talking on the phone.

Tony: Those people always ruin the movie! What types of movies do you like?

Amy: I actually prefer watching TV. My favorite series is Modern Family, but the fifth season just ended.

Tony: I saw an episode of Modern Family. It's really funny and I hear they have great ratings. I have to admit I get addicted to watching reality shows and soap operas with my wife.

Amy: At least the characters are attractive! I used to watch reality shows too but now I find them too dramatic.

Tony: My favorite reality shows are the survivor shows like Dual Survival and Man vs. Wild.

Amy: I used to watch Jersey Shore!

Key words and expressions

*Aprendamos vocabulario y expresiones usuales
relacionadas con la televisión y el cine.*

movie theater	*cine (sala)*
multiplex	*complejo con varias salas de cine, multicine*
to be late	*llegar tarde*
close to	*junto a*
screen	*pantalla*
audience	*público*
a TV series	*una serie de televisión*
season	*temporada*
episode	*episodio*
to have great ratings	*tener muy buen índice de audiencia*
to get addicted to	*engancharse, volverse adicto a*
reality shows	*reality shows*
characters	*personajes*
soap opera	*telenovela*
survivor	*superviviente*

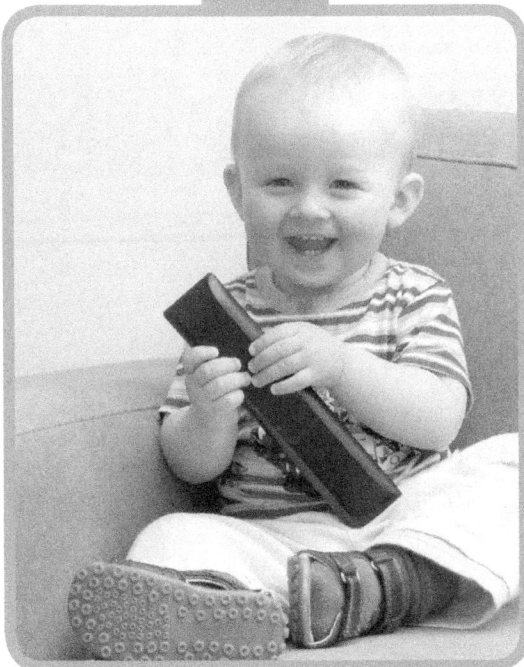

This is my favorite episode.
Este es mi episodio favorito.

I've never seen that series.
Nunca he visto esa serie.

I have over one hundred channels.
Tengo más de cien canales.

Have you been to the movies lately?
¿Has ido al cine últimamente?

**They are always watching
reality shows or soap operas.**
*Ellos siempre están mirando
reality shows o telenovelas.*

Language in use

A continuación practicaremos algunos conectores.

Uso de las expresiones "actually", "in fact", "as a matter of fact" y "to tell the truth".

Todas estas expresiones son conectores, prácticamente sinónimos en su significado, y equivalen a "de hecho" o "en realidad".
Hay que tener cuidado de no confundir "actually" con "actualmente" (currently, at present).

How was the meeting? **Actually**, I didn't attend.
¿Cómo estuvo la reunión? En realidad, no fui.

I **actually** prefer watching TV.
En realidad prefiero ver la televisión.

I think you are from Florida.
Well, **in fact/to tell the truth**, I'm from Georgia.
Creo que eres de Florida.
Bueno, de hecho/la verdad es que soy de Georgia.

Did you arrive on time? No, **as a matter of fact** I was late.
¿Llegaste a tiempo? No, de hecho llegué tarde.

Exercises

Choose the correct option to fill the gap:

1) We're not really interested _____ this type of cooperation.
a) on
b) at
c) in

2) I got addicted to _____ documentaries.
a) watching
b) watch
c) watched

3) My favorite actress is _____ that movie.
a) on
b) in
c) at

4) I used to _____ westerns, but I don't like them anymore.
a) watch
b) watching
c) watched

TV and Movies / TV y Películas

Traducción.

Tony: ¿Has visto alguna buena película últimamente?

Amy: Fui a al cine el fin de semana pasado y elegí una película porque salía uno de mis actores favoritos.

Tony: ¿Cómo estuvo la película? ¿Fuiste a esas nuevas salas multicine?

Amy: Bueno, llegamos tarde y tuvimos que sentarnos muy cerca de la pantalla, y luego había alguien entre el público hablando por teléfono.

Tony: ¡Esa gente siempre estropea la película! ¿Qué tipo de películas te gustan?

Amy: Yo realmente prefiero mirar la televisión. Mi serie favorita es Modern Family, pero la quinta temporada acaba de terminar.

Tony: Vi un episodio de Modern Family. Es muy divertida y he creo que tiene un gran índice de audiencia. Tengo que admitir que me volví adicto a mirar "reality shows" y telenovelas con mi esposa.

Amy: ¡Por lo menos los personajes son atractivos! Yo solía ver "reality shows" también, pero ahora me resultan demasiado dramáticos.

Tony: Mis "reality shows" favoritos son los de supervivientes, como "Dual Survival" y "Man vs. Wild".

Amy: ¡Yo solía mirar "Jersey Shore"!

Unidad 10

Shopping / De compras

En esta sección se practicarán
expresiones relacionadas
con las compras en tiendas y en línea.

Do you prefer
shopping online or
in the stores?

Shopping / De compras

*En esta sección se practicarán expresiones relacionadas
con las compras en tiendas y en línea.*

Rebecca: I decided to remodel my apartment, so I have a lot of things to buy this week.

Tony: Are you going to shop online or go to the stores directly?

Rebecca: I'm buying most of the things I need online but I will have to go to the mall to visit a few stores there.

Tony: Isn't shipping expensive when you buy online?

Rebecca: Well, it usually depends on the weight of what you buy and how quickly you need to receive it. There is ground shipping, which usually takes 7-10 business days, and then there is expedited shipping by air, where you can receive the goods within 1-2 business days but it is much more expensive.

Tony: Do you ever buy used things on Ebay or Craigslist?

Rebecca: I prefer buying new things.

Tony: What do you like better: shopping online or in the stores?

Rebecca: Well, I am so busy with work that I don't have a lot of time to visit stores to find what I want. I rather shop online, where I can find exactly what I need and get it quickly. All without getting up from my computer!

Tony: Makes sense. Well, let me know if you need any help.

Rebecca: Thanks, Tony. Can you lend me a hand, please?

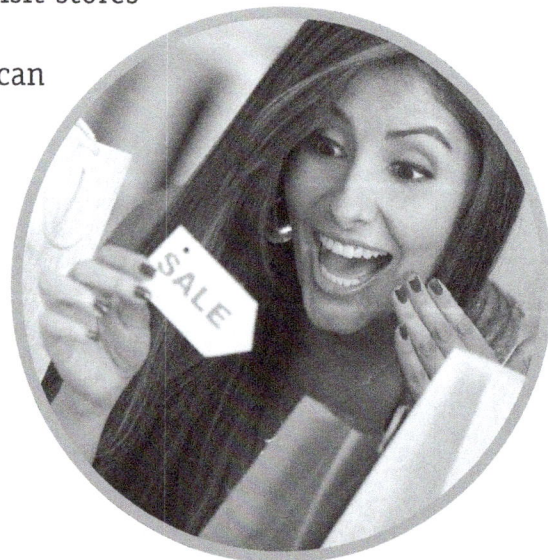

Key words and expressions

Aprendamos vocabulario y expresiones usuales relacionadas con las compras.

online shopping	*compras en línea*
in store shopping	*compras en tiendas*
mall	*centro comercial*
shipping	*envío*
ground shipping	*envío terrestre*
expedited shipping	*envío urgente*
to take (time)	*tardar, demorar (tiempo)*
weight	*peso*
goods	*artículos*
business days	*días laborables*
used things	*artículos usados / de segunda mano*
to lend a hand	*ayudar, echar una mano*

What do you expect when you shop online?
¿Qué esperas cuando compras en línea?

I rather shop online because I have no time to go to the stores.
Prefiero comprar en línea porque no tengo tiempo de ir a las tiendas.

Could you lend me a hand, please?
¿Puedes echarme una mano, por favor?

How much is the shipping?
¿Cuánto cuesta el envío?

Language in use

En esta sección aprenderemos el uso de "rather".

"Rather" es una palabra con diferentes usos y significados. Así, se puede utilizar (entre otras cosas):

Para expresar preferencia.	I'd **rather** walk than run. *Prefiero caminar que correr.*
Para precisar.	It's a palace **rather** than a house. *Es más bien un palacio que una casa.*
Es un adverbio equivalente a "bastante".	It's **rather** expensive. *Es bastante caro.*

"Rather" puede modificar, entre otros, a un adjetivo o a un adverbio.

The game was **rather** good.
El partido fue bastante bueno.

It happened **rather** quickly.
Ocurrió muy rápido.

Exercises

Answer:

1) The word "expedited" means...
a) very fast
b) very old
c) very far

2) Which of the following words is a noun?
a) weigh
b) weight
c) weighs

Choose the correct option to fill the gaps:

3) Have you ever bought anything _____ Ebay?
a) at
b) in
c) on

4) He had to work a lot and couldn't get _____ from his computer.
a) up
b) in
c) down

Shopping / De compras

Traducción.

Rebecca: Decidí remodelar mi apartamento, así que tengo muchas cosas que comprar esta semana.

Tony: ¿Va a comprar en línea o directamente en las tiendas?

Rebecca: Estoy comprando la mayoría de las cosas en línea, pero tendré que ir al centro comercial y pasarme por unas tiendas allí.

Tony: ¿No es cara la tarifa de envío cuando compra en línea?

Rebecca: Bueno, normalmente depende del peso de lo que compres y la rapidez con que necesites recibirlo. Está el envío terrestre, que habitualmente tarda entre 7-10 días laborables, y el envío rápido por avión, con el que puedes recibir los artículos en 1-2 días laborables, pero es mucho más caro.

Tony: ¿Alguna vez compra cosas usadas en Ebay o Craigslist?

Rebecca: Prefiero comprar cosas nuevas.

Tony: ¿Qué le gusta más, comprar en línea o en las tiendas?

Rebecca: Bueno, estoy tan ocupada con el trabajo que no tengo mucho tiempo para visitar tiendas y encontrar lo que quiero. Prefiero comprar en línea, donde puedo encontrar exactamente lo que necesito y tenerlo rápidamente. ¡Y todo sin levantarme de la computadora!

Tony: Parece lógico. Bueno, dígame si necesita ayuda.

Rebecca: Gracias, Tony, pero de hecho le pedí a Ryan si podía echarme una mano.

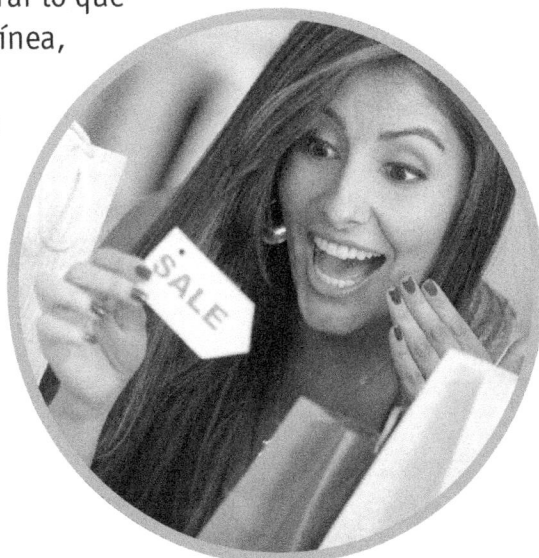

Unidad **11**

Cooking / La cocina

En esta sección se practicarán
expresiones relacionadas
con la cocina.

What are your favorite dishes?

Cooking / La cocina

En esta sección se practicarán expresiones relacionadas con la cocina.

Tony: Have you eaten at any good restaurants lately?

Amy: Actually, I found a Thai place that has really great take-out. What about you?

Tony: I usually prefer cooking at home with my wife. We've been taking cooking classes together and like to try out our new recipes.

Amy: What are your favorite dishes to cook?

Tony: I like to experiment with different ingredients and flavors. I usually add my own special spices to change a recipe and make it my own. It drives my wife crazy!

Amy: My mom is a really good cook and is great at customizing recipes. She knows all the different cooking methods and has all of the equipment to make anything.

Tony: Do you like to cook?

Amy: No. I prefer take-out. So, what is your specialty so far?

Tony: I guess my specialty would be stuffed pork chops. I like to pair them with roasted potatoes and steamed asparagus.

Amy: That sounds amazing! I would love to come to your house for dinner!

Key words and expressions

Continuemos aprendiendo vocabulario y expresiones usuales relacionadas con la cocina.

take-out	*comida para llevar*
to cook	*cocinar*
to take classes	*tomar clases*
to try (out)	*probar*
recipe	*receta*
favorite dishes	*platos favoritos*
to experiment	*experimentar*
ingredients	*ingredientes*
flavors	*sabores*
to add	*añadir*
to customize	*personalizar*
specialty	*especialidad*
to pair	*acompañar (un plato)*
stuffed	*relleno*
roasted	*asado*
steamed	*al vapor*

I like cooking but I've never tried out that recipe.
Me gusta la cocina pero nunca he probado esa receta.

I paired the roasted fish with steamed vegetables.
Acompañé el pescado asado con vegetales al vapor.

They took classes some years ago and are excellent cooks now.
Ellos tomaron clases hace algunos años y son excelentes cocineros ahora.

This dish is delicious. Do you have any other specialty?
Este plato está delicioso. ¿Tienes alguna otra especialidad?

Language in use

En esta sección trataremos un tipo de modelos o patrones de verbos (*verb patterns*).

Modelos de verbos: verbo + verbo (ing)

Usaremos la forma de gerundio (ing) de un verbo cuando éste venga precedido por alguno de los siguientes (entre otros): **avoid** (*evitar*), **dislike** (*desagradar*), **enjoy** (*disfrutar*), **finish** (*terminar*), **give up** (*dejar de*) o **mind** (*importar*).

I **dislike getting** up early.
No me gusta levantarme temprano.

I **avoid speaking** on the phone
while I'm driving a car.
*Evito hablar por teléfono
mientras estoy manejando un auto.*

I **gave up smoking** some years ago.
Dejé de fumar hace algunos años.

Algunos verbos pueden ir seguidos de un infinitivo o una forma "-ing" sin variar mucho su significado, como: **begin** (*empezar*), **continue** (*continuar*), **hate** (*odiar*), **intend** (*pretender*), **like** (*gustar*), **love** (*encantar*), **prefer** (*preferir*), **start** (*comenzar*), etc.

It started to rain = It **started raining**
Comenzó a llover.

I like to cook = I **like cooking**.
Me gusta cocinar.

Exercises

Choose the correct option to fill the gaps:

1) He needed _____ some things and went to the market.
a) to buy
b) buying
c) bought

2) Let me _____ by thanking you all for coming to the conference.
a) to start
b) start
c) starting

Cooking / La cocina

Traducción.

Tony: ¿Has comido en algún buen restaurante últimamente?

Amy: En realidad, encontré un lugar tailandés que tiene muy buena comida para llevar. ¿Y tú?

Tony: Por lo general prefiero cocinar en casa con mi esposa. Hemos tomado clases de cocina juntos y nos gusta probar nuestras nuevas recetas.

Amy: ¿Cuáles son tus platos favoritos a la hora de cocinar?

Tony: Me gusta experimentar con diferentes ingredientes y sabores. Yo suelo añadir mis propias especies particulares para cambiar una receta y hacerla mía. ¡Eso vuelve loca a mi esposa!

Amy: Mi madre es una muy buena cocinera y se le da muy bien personalizar recetas. Ella conoce todos los métodos de cocción y tiene todos los utensilios para hacer cualquier cosa.

Tony: ¿Te gusta cocinar?

Amy: No, yo prefiero la comida para llevar. Entonces, ¿cuál es tu especialidad hasta el momento?

Tony: Supongo que mi especialidad serían las chuletas de cerdo rellenas. Me gusta acompañarlas con patatas asadas y espárragos al vapor.

Amy: ¡Eso suena increíble! Me encantaría ir a tu casa a cenar.

Unidad 12

Events and entertainment / Eventos y entretenimiento

En esta unidad se practicarán expresiones relacionadas con diferentes eventos.

Ryan and Tony are talking about several events in the next few weeks.

Events and entertainment / Eventos y entretenimiento

En esta unidad se practicarán expresiones relacionadas con diferentes eventos.

Ryan: I will have to go to a few conferences and seminars downtown over the next few weeks.

Tony: I have a workshop downtown next week too. Did you hear about all those free events that they will be having downtown over the next two weeks? They are sponsored by the different conferences.

Ryan: I read about this charity event next week in the newspaper. There will be a parade in the morning and then a concert at night with a pretty good lineup.

Tony: There are also some sporting events. Do you want to get some tickets?

Ryan: Sure! I also heard Amy is going to an art show next week downtown. It's a new gallery opening, with a walk afterward among several existing galleries in the downtown area.

Tony: That sounds like something my wife would like.

Ryan: Maybe we can go as a group. I will mention it to Amy.

Tony: Oh, okay! Did you hear some people from work are participating in that marathon too?

Ryan: I thought it was a triathlon.

Tony: I don't think so. I will check it out. My wife and I have run marathons, but we wouldn't have time to train for this one, and with preparing for the new baby it would be too much!

Ryan: You're right. Don't bite off more than you can chew!

Key words and expressions

Aprendamos algo más de vocabulario sobre algunos eventos.

workshop	*taller*
to sponsor	*patrocinar*
charity event	*acto benéfico*
parade	*parada, desfile*
lineup	*programa*
opening	*inauguración*
triathlon / marathon	*triatlón / marathon*
free events	*eventos gratuitos*
to bite off more than one can chew	*abarcar demasiado*

Do you have the tickets?
¿Tienes las entradas?

The race is sponsored by Nike.
La carrera está patrocinada por Nike.

I go to numerous charity events.
Voy a numerosos actos benéficos.

We have two new workshops next month.
Tenemos dos nuevos talleres el próximo mes.

Are there any concerts this weekend?
¿Hay conciertos este fin de semana?

Language in use

En esta sección aprenderemos algunos dichos o frases hechas.

Como en cualquier idioma, el inglés también posee dichos, muchos de ellos de carácter coloquial o informal, que son empleados bajo diversas situaciones. Algunos de ellos son:

To bite off more than one can chew.	*Quien mucho abarca, poco aprieta.*
A bird in hand is worth two in the bush.	*Más vale pájaro en mano que ciento volando.*
It's the early bird that catches the worm.	*A quien madruga Dios le ayuda.*
Out of sight, out of mind.	*Ojos que no ven, corazón que no siente.*
Better late than never.	*Más vale tarde que nunca.*
Time is money.	*El tiempo es oro.*
Better safe than sorry.	*Más vale prevenir que curar.*
Two heads are better than one.	*Cuatro ojos ven más que dos.*
All that glitters is not gold.	*No es oro todo lo que reluce.*
Every cloud has a silver lining.	*No hay mal que por bien no venga.*

Exercises

Choose the correct option to fill the gaps:

1) All that glitters is not _____ .
a) money
b) bush
c) gold

2) Every _____ has a silver lining.
a) cloud
b) worm
c) sight

3) Everything was done _____ of the fair.
a) before
b) ahead
c) after

4) She doesn't mind _____ plans.
a) change
b) to change
c) changing

KEY
1) c; 2) a; 3) b; 4) c.

78

Events and entertainment / Eventos y entretenimiento

Traducción.

Ryan: Voy a tener que ir a algunas conferencias y seminarios en el centro durante las próximas semanas.

Tony: Yo tengo un taller en el centro de la ciudad la semana que viene también. ¿Te enteraste de todas esas actividades gratis que tendrán en el centro en las próximas dos semanas? Están patrocinadas por las diferentes conferencias.

Ryan: Leí en el periódico sobre esta actividad benéfica la semana que viene. Habrá un desfile por la mañana, y, luego, un concierto por la noche con un programa bastante bueno.

Tony: Hay también algunos eventos deportivos. ¿Quieres conseguir entradas?

Ryan: ¡Por supuesto! También creo que Amy va a una muestra de arte en el centro la semana que viene. Es una inauguración de una nueva galería, con un paseo posterior por diversas galerías ya existentes en el centro de la ciudad.

Tony: Eso parece algo que le gustaría a mi esposa.

Ryan: Quizás podamos ir en grupo. Se lo comentaré a Amy.

Tony: ¡Ah! De acuerdo. ¿Sabías que algunas personas del trabajo también van a participar en esa maratón?

Ryan: Pensé que era una triatlón.

Tony: Creo que no. Lo comprobaré. Mi esposa y yo corremos maratones, pero no tendríamos tiempo de entrenar para ésta, ¡y con la preparación para el bebé sería demasiado!

Ryan: Tienes razón. Quien mucho abarca, poco aprieta.

Unidad 13

On my free time / En mi tiempo libre

En esta sección se practicarán
expresiones relacionadas
con actividades de ocio.

Ryan and Amy are talking about what they do in their free time.

On my free time / En mi tiempo libre

En esta sección se practicarán expresiones relacionadas con actividades de ocio.

Ryan: So, what kind of activities do you like to do in your free time?

Amy: I like going out with my friends for drinks or dinner on weekends.

Ryan: I like to learn or try something new one weekend a month.

Amy: Like what?

Ryan: Well, last month I learned how to play a new sport and this month I would like to attend this event in Golden Gate Park. It's a music festival.

Amy: What kind of activities do you like to do?

Ryan: I like both indoor and outdoor activities. What about you?

Amy: I typically do both. I prefer exercising outdoors but I like relaxing indoors while reading a book or writing in my blog.

Ryan: I love cooking and don't mind a shopping day either. I like going to the movies and on Sundays I like to be lazy and spend the whole day in my pajamas!

Amy: That is my typical Sunday as well!

Key words and expressions

Aprendamos vocabulario y expresiones usuales relacionadas con el tiempo de ocio.

free time	*tiempo libre*
to attend	*asistir a*
to relax	*descansar*
shopping day	*día de compras*
to be lazy	*ser perezoso*
to go out for a drink	*salir a beber un trago*
both	*ambos*
kind	*tipo, clase*
to learn something new	*aprender algo nuevo*
preferences	*preferencias*

We are going to attend a concert this weekend.
Vamos a asistir a un concierto este fin de semana.

She's going out with friends tonight.
Ella va a salir con amigos esta noche.

I need to start exercising.
Necesito empezar a hacer ejercicio.

Do you play any sports?
¿Practicas algún deporte?

What types of activities do you do?
¿Qué tipos de actividades hace usted?

Language in use

En esta sección aprenderemos cómo usar el infinitivo
y el gerundio tras el verbo "like".

Sabemos que el verbo **"like"** puede ir seguido tanto de un gerundio
como de un infinitivo.

I **like** going to the movies.
Me gusta ir al cine.

I **like** to see all the latest movies.
Me gusta ver todas las últimas películas.

A menudo estas dos formas significan exactamente lo mismo, pero hay una diferencia entre ambas.
Cuando usamos **"like"** con un infinitivo se tiene la idea de que es lo correcto,
aunque no resulte agradable, y es probable que sea una acción regular. En cambio, con un gerundio,
se percibe como que la acción es placentera llevarla a cabo.

You **like to visit** the dentist twice a year.
Te gusta visitar al dentista dos veces al año.

I **like** you **to go** to bed early.
Me gusta que te vayas a la cama temprano.

My mother **likes to keep** fit.
A mi madre le gusta mantenerse en forma.

They **like using** a touchscreen tablet.
A ellos les gusta usar una tablet de pantalla táctil.

La forma condicional **"would like to + infinitivo"** (*gustaría*) se usa para realizar
ofertas o peticiones formales y va acompañada de un infinitivo.

Would you **like to attend** that event?
¿Te gustaría asistir a ese evento?

She **would like to have** your opinion.
A ella le gustaría tener tu opinión.

Exercises

Choose the correct option to fill the gaps:

1) I like relaxing while
_____ to music.
a) to listen
b) listening
c) listen

2) _____ the end of the year,
we will have made $100,000.
a) On
b) In
c) By

On my free time / En mi tiempo libre

Ryan y Amy están hablando de lo que les gusta hacer en su tiempo libre.

Traducción.

Ryan: Entonces, ¿qué tipo de actividades te gusta hacer en tu tiempo libre?

Amy: Me gusta salir con mis amigos a tomar un trago o a cenar los fines de semana.

Ryan: A mí me gusta aprender o probar algo nuevo un fin de semana al mes.

Amy: ¿Cómo qué?

Ryan: Bueno, el mes pasado aprendí a jugar a un nuevo deporte y este mes me gustaría asistir a este evento en el Golden Gate Park. Es un festival de música.

Amy: ¿Qué tipo de actividades te gusta hacer?

Ryan: Me gustan tanto las actividades que son de interior como al aire libre. ¿Y a ti?

Amy: Suelo realizar ambas. Prefiero hacer ejercicio al aire libre, pero me gusta relajarme en el interior mientras leo un libro o escribo en mi blog.

Ryan: A mí me encanta cocinar y tampoco me importa ir de compras un día. Me gusta ir al cine y los domingos me gusta ser perezoso y pasar todo el día en pijama.

Amy: ¡Así es mi típico domingo también!

Unidad 14

Travel / Viajes

*En esta sección se practicarán
expresiones relacionadas
con los viajes.*

Tony y Ryan están hablando sobre la estancia de Ryan en Hong Kong.

Travel / Viajes

En esta sección se practicarán expresiones relacionadas con los viajes.

Tony: So, how was your trip?

Ryan: It was great traveling with Amy! It felt more like a vacation than business at times.

Tony: What did you do in your free time?

Ryan: We went sightseeing at every opportunity. We went on an excursion and a bus tour with a tour guide.

Tony: How was the food in Hong Kong? Did you try a lot of new things?

Ryan: The local food was very different but good. Due to the language barrier I think we didn't know what we were eating most of the time! But the people were nice and very helpful. We got lost several times and had to use maps to find our way back to the hotel. It was a bit of a culture shock.

Tony: How was the hotel?

Ryan: It was amazing and had a level of service I have never experienced.

Tony: Did you have jet lag from the time difference?

Ryan: Yes, and I couldn't sleep during the flight there due to the turbulence.

Tony: Well, I hope your return flight was better!

Key words and expressions

Aprendamos vocabulario y expresiones usuales relacionadas
con la estancia en un lugar diferente al habitual.

to go sightseeing	*hacer turismo*
excursion	*excursión*
tour guide	*guía turístico*
to get lost	*perderse*
to find one's way back	*encontrar el camino de vuelta*
to experience	*experimentar, vivir*
turbulence	*turbulencia*
language barrier	*barrera del idioma*
culture shock	*choque / shock cultural*
jet lag	*jet lag*

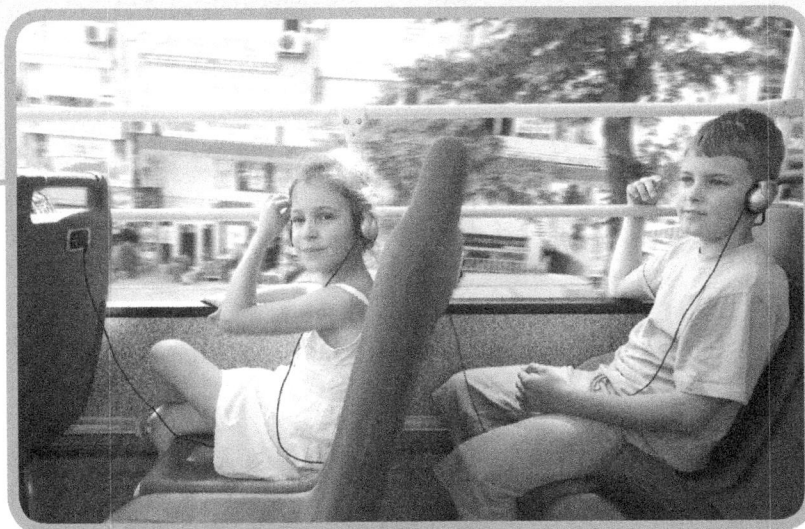

Have you ever got lost in a new city?
¿Te has perdido alguna vez en una ciudad nueva?

I'm not very interested in sightseeing.
No estoy muy interesado en hacer turismo.

Eating grasshoppers is something I had never experienced.
Comer saltamontes es algo que nunca había experimentado.

Do you usually try new things when traveling abroad?
¿Sueles probar cosas nuevas cuando viajas al extranjero?

There are many people who can't sleep when flying.
Hay mucha gente que no puede dormir cuando vuela.

Language in use

En esta sección aprenderemos el uso de la expresión causal ¨due to¨.

"Due to" es una expresión que equivale a "debido a" o "a causa de", e introduce el elemento causante de alguna acción, por lo que va seguida de un sustantivo.

I couldn't sleep during the flight **due to** the turbulence.
No pude dormir durante el vuelo debido a las turbulencias.

The meeting was postponed **due to** the director's illness.
La reunión se aplazó debido a la enfermedad del director.

My low grade was **due to** lack of study.
Mi baja calificación fue debida a la falta de estudio.

También se puede usar "due to the fact that", que equivale a "debido a que + verbo".

The plane couldn't take off **due to the fact that** there was a storm.
El avión no pudo despegar debido a que había una tormenta.

The meeting was called off **due to the fact that** the director was ill.
La reunión fue suspendida debido al hecho de que (porque) el director estaba enfermo.

Exercises

Choose the correct option to fill the gaps:

1) It was great _____ with your family.
a) travel
b) traveled
c) traveling

2) We had jet lag _____ the time difference.
a) because of
b) due to the fact
c) of

3) I wasn't understood _____ the language barrier.
a) due to
b) because
c) as

4) The journey will take a long time _____ that city is far away.
a) due to
b) because
c) from

Travel / Viajes

Traducción.

Tony y Ryan están hablando sobre la estancia de Ryan en Hong Kong.

Tony: Entonces, ¿cómo fue tu viaje?

Ryan: ¡Fue fantástico viajar con Amy! A veces me sentía más de vacaciones que de negocios.

Tony: ¿Qué hacían en su tiempo libre?

Ryan: Hacíamos turismo siempre que podíamos. Hicimos una excursión y un recorrido turístico en autobús con un guía.

Tony: ¿Cómo era la comida en Hong Kong? ¿Probaron muchas cosas nuevas?

Ryan: La comida local era muy diferente, pero buena. Debido a la barrera lingüística, la mayoría de las veces creo que no sabíamos lo que estábamos comiendo. Pero la gente era agradable y muy amable. Nos perdimos varias veces y tuvimos que usar mapas para encontrar el camino de vuelta al hotel. Fue un poco de shock cultural.

Tony: ¿Cómo era el hotel?

Ryan: Era increíble y tenía un nivel de servicio que nunca había visto.

Tony: ¿Tuviste jet lag por la diferencia horaria?

Ryan: Sí, y no pude dormir durante el vuelo de ida por las turbulencias.

Tony: Bueno, ¡espero que tu vuelo de regreso fuera mejor!

Unidad **15**

My old job / Mi antiguo trabajo

En esta sección se practicarán
expresiones relacionadas
con diferentes puestos de trabajo.

Tony and Ryan are
talking about their
former jobs.

My old job / Mi antiguo trabajo

*En esta sección se practicarán expresiones relacionadas
con diferentes puestos de trabajo.*

Tony: So, how did you end up working here?

Ryan: My father is on the Board of Directors. He actually got me an
internship after business school and I was hired after I gained some
work experience here and finished the internship. What about you?

Tony: I used to do freelance work with computers. I really liked the
flexible hours but the pay was very unstable. One of my bosses told
me about this sales job and I sent in my resume. Now, here I am.

Ryan: My first job out of college was in that office building next door. I did
well and was a candidate for a promotion, but I was let go for
attending to personal matters during work hours. I had to help my
father with preparations for my grandfather's sudden funeral, but
they didn't understand. I didn't like my coworkers anyway.

Tony: I used to moonlight as a bartender, but the commute downtown was
exhausting and I hated working the late hours.

Ryan: Fortunately, all that changed and we had the opportunity to meet
each other. I really enjoy working with you.

Tony: So do I, Ryan!

Key words and expressions

*Aprendamos vocabulario y expresiones usuales relacionadas
con la experiencia laboral.*

Board of Directors	*Junta Directiva*
internship	*período de prácticas, pasantías*
to be hired	*ser contratado*
work experience	*experiencia laboral*
pay	*salario, sueldo*
unstable	*inestable*
resume	*currículum*
personal matters	*asuntos personales*
work hours	*horario laboral*
coworkers	*compañeros de trabajo*
to moonlight	*tener más de un trabajo, pluriemplearse*
to commute	*ir / desplazarse al trabajo*

Have you met my new coworker?
¿Has conocido a mi nuevo compañero de trabajo?

I have sent my resume to hundreds of companies.
He enviado mi currículum a cientos de empresas.

Have you ever had to moonlight?
¿Alguna vez has tenido que trabajar en más de un empleo al mismo tiempo?

I live in the suburbs and have to commute downtown every day.
Vivo en las afueras y tengo que desplazarme al centro todos los días.

Language in use

En esta sección aprenderemos el uso del verbo "to hire".

El verbo "to hire" puede usarse en distintos contextos, pues tiene diferentes significados:

En el terreno laboral equivale a "*emplear*" o "*contratar*".	Our company **hired** a new sales representative. *Nuestra empresa contrató a un nuevo representante de ventas.* He was **hired** as an assistant. *Fue contratado como asistente.*
También tiene el sentido de "*alquilar*", al igual que "**to rent**".	We should **hire** a car for two days. *Deberíamos alquilar un coche durante dos días.* They want to **hire** a valet for the party. *Ellos quieren contratar a un muchacho para parquear autos para la fiesta.*

Exercises

Answer:

1) To have different jobs at the same time is...
a) to moonlight
b) to overwork
c) to outsource

Choose the correct option to fill the gaps:

2) I was let go _____ to personal matters.
a) attending
b) for attending
c) attend

3) We're currently _____ that part of the contract.
a) negotiated
b) being negotiated
c) negotiating

My old job / Mi antiguo trabajo

Traducción.

Tony: Entonces, ¿cómo terminaste trabajando aquí?

Ryan: My padre está en el Consejo de Dirección. Realmente él me consiguió un trabajo de práctica cuando acabé en la escuela de negocios y fui contratado tras adquirir alguna experiencia profesional aquí y acabar el período de práctica. ¿Y tú?

Tony: Yo trabajaba como "freelance" con las computadoras. Me gustaban esas horas flexibles pero el salario era muy inestable. Uno de mis jefes me habló sobre este trabajo en la oficina y envié mi currículum. Y aquí estoy ahora.

Ryan: Mi primer trabajo fuera de la universidad fue en ese edificio de oficinas de al lado. Lo hice bien y realmente era candidato para un ascenso, pero fui despedido por atender asuntos personales durante las horas de trabajo. Tuve que ayudar a mi padre con los preparativos del repentino funeral de mi abuelo, pero ellos no lo entendieron. No me gustaban mis compañeros de trabajo de todos modos.

Tony: Yo tenía un segundo trabajo como mesero también, pero el desplazamiento al centro de la ciudad era tan agotador que odiaba trabajar a altas horas.

Ryan: Afortunadamente todo eso cambió y tuvimos la oportunidad de conocernos. Estoy realmente contento de trabajar contigo.

Tony: Yo también, Ryan.

TÍTULOS DE INGLÉS
MARIA GARCÍA

INGLÉS DE UNA VEZ
APRENDE INGLÉS DEPRISA
1000 PALABRAS CLAVE
INGLÉS MÓVIL
100 CLASES PARA DOMINAR EL INGLÉS

~•~

EL DESAFÍO DEL INGLÉS
INGLÉS SMS
CIUDADANÍA AMERICANA
PRONUNCIACIÓN FÁCIL:
LAS 134 REGLAS DEL INGLÉS AMERICANO
INGLÉS PARA HACER AMIGOS

~•~

INGLÉS PARA REDES SOCIALES
INGLÉS EN LA ESCUELA
INGLÉS PARA PACIENTES
HABLA SIN ACENTO
INGLÉS DE NEGOCIOS

~•~

INGLÉS PARA VIAJAR
INGLÉS PARA EL AUTO
APRENDE INGLÉS CON LOS FAMOSOS

Notas

Notas

Notas

Notas

Made in the USA
Las Vegas, NV
29 October 2023